# PET SITTER INFORMATION

## ANIMAL NAMES

_____

_____

_____

_____

## OWNERS CONTACT INFORMATION

CELL: _____  CELL: _____

WHERE WE'LL BE: _____  RETURN TIME: _____

OUR HOME ADDRESS: _____

OTHER CONTACT: _____

## EMERGENCY NUMBERS

EMERGENCY:  911  POLICE: _____

VETERINARIAN: _____  FIRE: _____

ASPCA ANIMAL POISON CONTROL:  1-888-426-4435

## OTHER INFORMATION

MEALS:  What: _____  Amount: _____  Times: _____

TREATS:  What: _____  Amount: _____  Times: _____

EXERCISE & NOTES: _____

_____

# PET SITTER NOTES FOR OWNERS

# PET SITTER INFORMATION SHEET

## ANIMAL NAMES

_____

_____

_____

## OWNERS CONTACT INFORMATION

CELL: _____ CELL: _____

WHERE WE'LL BE: _____ RETURN TIME: _____

OUR HOME ADDRESS: _____

OTHER CONTACT: _____

## EMERGENCY NUMBERS

EMERGENCY: 911 _____ POLICE: _____

VETERINARIAN: _____ FIRE: _____

ASPCA ANIMAL POISON CONTROL: 1-888-426-4435 _____

## OTHER INFORMATION

MEALS: What: _____ Amount: _____ Times: _____

TREATS: What: _____ Amount: _____ Times: _____

EXERCISE & NOTES: _____

_____

# PET SITTER NOTES FOR OWNERS

# PET SITTER INFORMATION SHEET

## ANIMAL NAMES

_____

_____

_____

_____

## OWNERS CONTACT INFORMATION

CELL: _____ CELL: _____

WHERE WE'LL BE: _____ RETURN TIME: _____

OUR HOME ADDRESS: _____

OTHER CONTACT: _____

## EMERGENCY NUMBERS

EMERGENCY: 911 POLICE: _____

VETERINARIAN: _____ FIRE: _____

ASPCA ANIMAL POISON CONTROL: 1-888-426-4435

## OTHER INFORMATION

MEALS: What: _____ Amount: _____ Times: _____

TREATS: What: _____ Amount: _____ Times: _____

EXERCISE & NOTES: _____

_____

# PET SITTER NOTES FOR OWNERS

_____
_____
_____
_____
_____
_____
_____
_____
_____
_____
_____
_____
_____
_____
_____
_____
_____
_____

# PET SITTER INFORMATION SHEET

## ANIMAL NAMES

_____

_____

_____

_____

## OWNERS CONTACT INFORMATION

CELL: _____ CELL: _____

WHERE WE'LL BE: _____ RETURN TIME: _____

OUR HOME ADDRESS: _____

OTHER CONTACT: _____

## EMERGENCY NUMBERS

EMERGENCY: 911 _____ POLICE: _____

VETERINARIAN: _____ FIRE: _____

ASPCA ANIMAL POISON CONTROL: 1-888-426-4435 _____

## OTHER INFORMATION

MEALS: What: _____ Amount: _____ Times: _____

TREATS: What: _____ Amount: _____ Times: _____

EXERCISE & NOTES: _____

_____

_____

# PET SITTER NOTES FOR OWNERS

# PET SITTER INFORMATION SHEET

## ANIMAL NAMES

_____

_____

_____

_____

## OWNERS CONTACT INFORMATION

CELL: _____ CELL: _____

WHERE WE'LL BE: _____ RETURN TIME: _____

OUR HOME ADDRESS: _____

OTHER CONTACT: _____

## EMERGENCY NUMBERS

EMERGENCY: 911 _____ POLICE: _____

VETERINARIAN: _____ FIRE: _____

ASPCA ANIMAL POISON CONTROL: 1-888-426-4435 _____

## OTHER INFORMATION

MEALS: What: _____ Amount: _____ Times: _____

TREATS: What: _____ Amount: _____ Times: _____

EXERCISE & NOTES: _____

_____

_____

# PET SITTER NOTES FOR OWNERS

_____
_____
_____
_____
_____
_____
_____
_____
_____
_____
_____
_____
_____
_____
_____
_____
_____

# PET SITTER INFORMATION SHEET

## ANIMAL NAMES

_____

_____

_____

_____

## OWNERS CONTACT INFORMATION

CELL: _____ CELL: _____

WHERE WE'LL BE: _____ RETURN TIME: _____

 OUR HOME ADDRESS: _____

OTHER CONTACT: _____

## EMERGENCY NUMBERS

EMERGENCY: 911 POLICE: _____

VETERINARIAN: _____ FIRE: _____

ASPCA ANIMAL POISON CONTROL: 1-888-426-4435

## OTHER INFORMATION

MEALS: What: _____ Amount: _____ Times: _____

TREATS: What: _____ Amount: _____ Times: _____

EXERCISE & NOTES: _____

_____

_____

# PET SITTER NOTES FOR OWNERS

_____
_____
_____
_____
_____
_____
_____
_____
_____
_____
_____
_____
_____
_____
_____
_____
_____
_____

# PET SITTER INFORMATION SHEET

## ANIMAL NAMES

_____

_____

_____

_____

## OWNERS CONTACT INFORMATION

CELL: _____    CELL: _____

WHERE WE'LL BE: _____    RETURN TIME: _____

OUR HOME ADDRESS: _____

OTHER CONTACT: _____

## EMERGENCY NUMBERS

EMERGENCY: 911    POLICE: _____

VETERINARIAN: _____    FIRE: _____

ASPCA ANIMAL POISON CONTROL: 1-888-426-4435

## OTHER INFORMATION

MEALS: What: _____ Amount: _____ Times: _____

TREATS: What: _____ Amount: _____ Times: _____

EXERCISE & NOTES: _____

_____

# PET SITTER NOTES FOR OWNERS

# PET SITTER INFORMATION SHEET

## ANIMAL NAMES

_____

_____

_____

## OWNERS CONTACT INFORMATION

CELL: _____ CELL: _____

WHERE WE'LL BE: _____ RETURN TIME: _____

OUR HOME ADDRESS: _____

OTHER CONTACT: _____

## EMERGENCY NUMBERS

EMERGENCY: 911 POLICE: _____

VETERINARIAN: _____ FIRE: _____

ASPCA ANIMAL POISON CONTROL: 1-888-426-4435

## OTHER INFORMATION

MEALS: What: _____ Amount: _____ Times: _____

TREATS: What: _____ Amount: _____ Times: _____

EXERCISE & NOTES: _____

_____

# PET SITTER NOTES FOR OWNERS

_____

_____

_____

_____

_____

_____

_____

_____

_____

_____

_____

_____

_____

_____

_____

_____

_____

# PET SITTER INFORMATION SHEET

## ANIMAL NAMES

_____

_____

_____

_____

## OWNERS CONTACT INFORMATION

CELL: _____ CELL: _____

WHERE WE'LL BE: _____ RETURN TIME: _____

OUR HOME ADDRESS: _____

OTHER CONTACT: _____

## EMERGENCY NUMBERS

EMERGENCY: 911 POLICE: _____

VETERINARIAN: _____ FIRE: _____

ASPCA ANIMAL POISON CONTROL: 1-888-426-4435

## OTHER INFORMATION

MEALS: What: _____ Amount: _____ Times: _____

TREATS: What: _____ Amount: _____ Times: _____

EXERCISE & NOTES: _____

_____

# PET SITTER NOTES FOR OWNERS

# PET SITTER INFORMATION SHEET

## ANIMAL NAMES

_____

_____

_____

_____

## OWNERS CONTACT INFORMATION

CELL: _____    CELL: _____

WHERE WE'LL BE: _____    RETURN TIME: _____

OUR HOME ADDRESS: _____

OTHER CONTACT: _____

## EMERGENCY NUMBERS

EMERGENCY: 911    POLICE: _____

VETERINARIAN: _____    FIRE: _____

ASPCA ANIMAL POISON CONTROL: 1-888-426-4435

## OTHER INFORMATION

MEALS: What: _____    Amount: _____    Times: _____

TREATS: What: _____    Amount: _____    Times: _____

EXERCISE & NOTES: _____

_____

_____

# PET SITTER NOTES FOR OWNERS

# PET SITTER INFORMATION SHEET

## ANIMAL NAMES

_____

_____

_____

_____

## OWNERS CONTACT INFORMATION

CELL: _____ CELL: _____

WHERE WE'LL BE: _____ RETURN TIME: _____

OUR HOME ADDRESS: _____

OTHER CONTACT: _____

## EMERGENCY NUMBERS

EMERGENCY: 911 POLICE: _____

VETERINARIAN: _____ FIRE: _____

ASPCA ANIMAL POISON CONTROL: 1-888-426-4435

## OTHER INFORMATION

MEALS: What: _____ Amount: _____ Times: _____

TREATS: What: _____ Amount: _____ Times: _____

EXERCISE & NOTES: _____

_____

# PET SITTER NOTES FOR OWNERS

_____
_____
_____
_____
_____
_____
_____
_____
_____
_____
_____
_____
_____
_____
_____
_____
_____

# PET SITTER INFORMATION SHEET

## ANIMAL NAMES

_____

_____

_____

_____

## OWNERS CONTACT INFORMATION

CELL: _____ CELL: _____

WHERE WE'LL BE: _____ RETURN TIME: _____

OUR HOME ADDRESS: _____

OTHER CONTACT: _____

## EMERGENCY NUMBERS

EMERGENCY: 911 POLICE: _____

VETERINARIAN: _____ FIRE: _____

ASPCA ANIMAL POISON CONTROL: 1-888-426-4435

## OTHER INFORMATION

MEALS: What: _____ Amount: _____ Times: _____

TREATS: What: _____ Amount: _____ Times: _____

EXERCISE & NOTES: _____

_____

_____

# PET SITTER NOTES FOR OWNERS

# PET SITTER INFORMATION SHEET

## ANIMAL NAMES

_____

_____

_____

_____

## OWNERS CONTACT INFORMATION

CELL: _____ CELL: _____

WHERE WE'LL BE: _____ RETURN TIME: _____

OUR HOME ADDRESS: _____

OTHER CONTACT: _____

## EMERGENCY NUMBERS

EMERGENCY: 911 _____ POLICE: _____

VETERINARIAN: _____ FIRE: _____

ASPCA ANIMAL POISON CONTROL: 1-888-426-4435_____

## OTHER INFORMATION

MEALS: What: _____ Amount: _____ Times: _____

TREATS: What: _____ Amount: _____ Times: _____

EXERCISE & NOTES: _____

_____

_____

# PET SITTER NOTES FOR OWNERS

_____

_____

_____

_____

_____

_____

_____

_____

_____

_____

_____

_____

_____

_____

_____

_____

_____

_____

# PET SITTER INFORMATION SHEET

## ANIMAL NAMES

_____

_____

_____

_____

## OWNERS CONTACT INFORMATION

CELL: _____ CELL: _____

WHERE WE'LL BE: _____ RETURN TIME: _____

OUR HOME ADDRESS: _____

OTHER CONTACT: _____

## EMERGENCY NUMBERS

EMERGENCY: 911 _____ POLICE: _____

VETERINARIAN: _____ FIRE: _____

ASPCA ANIMAL POISON CONTROL: 1-888-426-4435 _____

## OTHER INFORMATION

MEALS: What: _____ Amount: _____ Times: _____

TREATS: What: _____ Amount: _____ Times: _____

EXERCISE & NOTES: _____

_____

_____

# PET SITTER NOTES FOR OWNERS

# PET SITTER INFORMATION SHEET

## ANIMAL NAMES

_____

_____

_____

_____

## OWNERS CONTACT INFORMATION

CELL: _____ CELL: _____

WHERE WE'LL BE: _____ RETURN TIME: _____

OUR HOME ADDRESS: _____

OTHER CONTACT: _____

## EMERGENCY NUMBERS

EMERGENCY: 911 POLICE: _____

VETERINARIAN: _____ FIRE: _____

ASPCA ANIMAL POISON CONTROL: 1-888-426-4435

## OTHER INFORMATION

MEALS: What: _____ Amount: _____ Times: _____

TREATS: What: _____ Amount: _____ Times: _____

EXERCISE & NOTES: _____

_____

# PET SITTER NOTES FOR OWNERS

_____

_____

_____

_____

_____

_____

_____

_____

_____

_____

_____

_____

_____

_____

_____

_____

_____

# PET SITTER INFORMATION SHEET

## ANIMAL NAMES

_____

_____

_____

_____

## OWNERS CONTACT INFORMATION

CELL: _____ CELL: _____

WHERE WE'LL BE: _____ RETURN TIME: _____

OUR HOME ADDRESS: _____

OTHER CONTACT: _____

## EMERGENCY NUMBERS

EMERGENCY: 911 _____ POLICE: _____

VETERINARIAN: _____ FIRE: _____

ASPCA ANIMAL POISON CONTROL: 1-888-426-4435

## OTHER INFORMATION

MEALS: What: _____ Amount: _____ Times: _____

TREATS: What: _____ Amount: _____ Times: _____

EXERCISE & NOTES: _____

_____

_____

# PET SITTER NOTES FOR OWNERS

_____
_____
_____
_____
_____
_____
_____
_____
_____
_____
_____
_____
_____
_____
_____
_____
_____

# PET SITTER INFORMATION SHEET

## ANIMAL NAMES

_____

_____

_____

_____

## OWNERS CONTACT INFORMATION

CELL: _____     CELL: _____

WHERE WE'LL BE: _____     RETURN TIME: _____

OUR HOME ADDRESS: _____

OTHER CONTACT: _____

## EMERGENCY NUMBERS

EMERGENCY: 911     POLICE: _____

VETERINARIAN: _____     FIRE: _____

ASPCA ANIMAL POISON CONTROL: 1-888-426-4435

## OTHER INFORMATION

MEALS: What: _____     Amount: _____     Times: _____

TREATS: What: _____     Amount: _____     Times: _____

EXERCISE & NOTES: _____

_____

# PET SITTER NOTES FOR OWNERS

_____
_____
_____
_____
_____
_____
_____
_____
_____
_____
_____
_____
_____
_____
_____
_____
_____
_____
_____
_____

# PET SITTER INFORMATION SHEET

## ANIMAL NAMES

_____

_____

_____

## OWNERS CONTACT INFORMATION

CELL: _____ CELL: _____

WHERE WE'LL BE: _____ RETURN TIME: _____

OUR HOME ADDRESS: _____

OTHER CONTACT: _____

## EMERGENCY NUMBERS

EMERGENCY: 911 POLICE: _____

VETERINARIAN: _____ FIRE: _____

ASPCA ANIMAL POISON CONTROL: 1-888-426-4435

## OTHER INFORMATION

MEALS: What: _____ Amount: _____ Times: _____

TREATS: What: _____ Amount: _____ Times: _____

EXERCISE & NOTES: _____

_____

# PET SITTER NOTES FOR OWNERS

_____
_____
_____
_____
_____
_____
_____
_____
_____
_____
_____
_____
_____
_____
_____
_____
_____

# PET SITTER INFORMATION SHEET

## ANIMAL NAMES

_____

_____

_____

## OWNERS CONTACT INFORMATION

CELL: _____ CELL: _____

WHERE WE'LL BE: _____ RETURN TIME: _____

OUR HOME ADDRESS: _____

OTHER CONTACT: _____

## EMERGENCY NUMBERS

EMERGENCY: 911 POLICE: _____

VETERINARIAN: _____ FIRE: _____

ASPCA ANIMAL POISON CONTROL: 1-888-426-4435

## OTHER INFORMATION

MEALS: What: _____ Amount: _____ Times: _____

TREATS: What: _____ Amount: _____ Times: _____

EXERCISE & NOTES: _____

_____

# PET SITTER NOTES FOR OWNERS

_____

_____

_____

_____

_____

_____

_____

_____

_____

_____

_____

_____

_____

_____

_____

_____

_____

# PET SITTER INFORMATION SHEET

## ANIMAL NAMES

_____

_____

_____

_____

## OWNERS CONTACT INFORMATION

CELL: _____ CELL: _____

WHERE WE'LL BE: _____ RETURN TIME: _____

OUR HOME ADDRESS: _____

OTHER CONTACT: _____

## EMERGENCY NUMBERS

EMERGENCY: 911 _____ POLICE: _____

VETERINARIAN: _____ FIRE: _____

ASPCA ANIMAL POISON CONTROL: 1-888-426-4435

## OTHER INFORMATION

MEALS: What: _____ Amount: _____ Times: _____

TREATS: What: _____ Amount: _____ Times: _____

EXERCISE & NOTES: _____

_____

# PET SITTER NOTES FOR OWNERS

# PET SITTER INFORMATION SHEET

## ANIMAL NAMES

_____

_____

_____

_____

## OWNERS CONTACT INFORMATION

CELL: _____ CELL: _____

WHERE WE'LL BE: _____ RETURN TIME: _____

OUR HOME ADDRESS: _____

OTHER CONTACT: _____

## EMERGENCY NUMBERS

EMERGENCY: 911 POLICE: _____

VETERINARIAN: _____ FIRE: _____

ASPCA ANIMAL POISON CONTROL: 1-888-426-4435

## OTHER INFORMATION

MEALS: What: _____ Amount: _____ Times: _____

TREATS: What: _____ Amount: _____ Times: _____

EXERCISE & NOTES: _____

_____

# PET SITTER NOTES FOR OWNERS

_____
_____
_____
_____
_____
_____
_____
_____
_____
_____
_____
_____
_____
_____
_____
_____
_____

# PET SITTER INFORMATION SHEET

## ANIMAL NAMES

_____

_____

_____

_____

## OWNERS CONTACT INFORMATION

CELL: _____ CELL: _____

WHERE WE'LL BE: _____ RETURN TIME: _____

OUR HOME ADDRESS: _____

OTHER CONTACT: _____

## EMERGENCY NUMBERS

EMERGENCY: 911 _____ POLICE: _____

VETERINARIAN: _____ FIRE: _____

ASPCA ANIMAL POISON CONTROL: 1-888-426-4435

## OTHER INFORMATION

MEALS: What: _____ Amount: _____ Times: _____

TREATS: What: _____ Amount: _____ Times: _____

EXERCISE & NOTES: _____

_____

_____

# PET SITTER NOTES FOR OWNERS

# PET SITTER INFORMATION SHEET

## ANIMAL NAMES

_____

_____

_____

_____

## OWNERS CONTACT INFORMATION

CELL: _____ CELL: _____

WHERE WE'LL BE: _____ RETURN TIME: _____

OUR HOME ADDRESS: _____

OTHER CONTACT: _____

## EMERGENCY NUMBERS

EMERGENCY:  911                    POLICE: _____

VETERINARIAN: _____      FIRE: _____

ASPCA ANIMAL POISON CONTROL:  1-888-426-4435

## OTHER INFORMATION

MEALS:  What: _____  Amount: _____  Times: _____

TREATS:  What: _____  Amount: _____  Times: _____

EXERCISE & NOTES: _____

_____

# PET SITTER NOTES FOR OWNERS

# PET SITTER INFORMATION SHEET

## ANIMAL NAMES

_____

_____

_____

_____

## OWNERS CONTACT INFORMATION

CELL: _____ CELL: _____

WHERE WE'LL BE: _____ RETURN TIME: _____

OUR HOME ADDRESS: _____

OTHER CONTACT: _____

## EMERGENCY NUMBERS

EMERGENCY:  911 _____ POLICE: _____

VETERINARIAN: _____ FIRE: _____

ASPCA ANIMAL POISON CONTROL:  1-888-426-4435

## OTHER INFORMATION

MEALS:  What: _____ Amount: _____ Times: _____

TREATS:  What: _____ Amount: _____ Times: _____

EXERCISE & NOTES: _____

_____

_____

# PET SITTER NOTES FOR OWNERS

_____

_____

_____

_____

_____

_____

_____

_____

_____

_____

_____

_____

_____

_____

_____

_____

# PET SITTER INFORMATION SHEET

## ANIMAL NAMES

_____

_____

_____

_____

## OWNERS CONTACT INFORMATION

CELL: _____ CELL: _____

WHERE WE'LL BE: _____ RETURN TIME: _____

OUR HOME ADDRESS: _____

OTHER CONTACT: _____

## EMERGENCY NUMBERS

EMERGENCY: 911 POLICE: _____

VETERINARIAN: _____ FIRE: _____

ASPCA ANIMAL POISON CONTROL: 1-888-426-4435

## OTHER INFORMATION

MEALS: What: _____ Amount: _____ Times: _____

TREATS: What: _____ Amount: _____ Times: _____

EXERCISE & NOTES: _____

_____

# PET SITTER NOTES FOR OWNERS

_____

_____

_____

_____

_____

_____

_____

_____

_____

_____

_____

_____

_____

_____

_____

_____

# PET SITTER INFORMATION SHEET

## ANIMAL NAMES

_____

_____

_____

_____

## OWNERS CONTACT INFORMATION

CELL: _____ CELL: _____

WHERE WE'LL BE: _____ RETURN TIME: _____

OUR HOME ADDRESS: _____

OTHER CONTACT: _____

## EMERGENCY NUMBERS

EMERGENCY: 911 POLICE: _____

VETERINARIAN: _____ FIRE: _____

ASPCA ANIMAL POISON CONTROL: 1-888-426-4435

## OTHER INFORMATION

MEALS: What: _____ Amount: _____ Times: _____

TREATS: What: _____ Amount: _____ Times: _____

EXERCISE & NOTES: _____

_____

_____

# PET SITTER NOTES FOR OWNERS

# PET SITTER INFORMATION SHEET

## ANIMAL NAMES

_____

_____

_____

_____

## OWNERS CONTACT INFORMATION

CELL: _____ CELL: _____

WHERE WE'LL BE: _____ RETURN TIME: _____

OUR HOME ADDRESS: _____

OTHER CONTACT: _____

## EMERGENCY NUMBERS

EMERGENCY: 911 _____ POLICE: _____

VETERINARIAN: _____ FIRE: _____

ASPCA ANIMAL POISON CONTROL: 1-888-426-4435

## OTHER INFORMATION

MEALS: What: _____ Amount: _____ Times: _____

TREATS: What: _____ Amount: _____ Times: _____

EXERCISE & NOTES: _____

_____

_____

# PET SITTER NOTES FOR OWNERS

_____

_____

_____

_____

_____

_____

_____

_____

_____

_____

_____

_____

_____

_____

_____

_____

_____

_____

# PET SITTER INFORMATION SHEET

## ANIMAL NAMES

_____

_____

_____

_____

## OWNERS CONTACT INFORMATION

CELL: _____ CELL: _____

WHERE WE'LL BE: _____ RETURN TIME: _____

OUR HOME ADDRESS: _____

OTHER CONTACT: _____

## EMERGENCY NUMBERS

EMERGENCY: 911 POLICE: _____

VETERINARIAN: _____ FIRE: _____

ASPCA ANIMAL POISON CONTROL: 1-888-426-4435

## OTHER INFORMATION

MEALS: What: _____ Amount: _____ Times: _____

TREATS: What: _____ Amount: _____ Times: _____

EXERCISE & NOTES: _____

_____

# PET SITTER NOTES FOR OWNERS

_____
_____
_____
_____
_____
_____
_____
_____
_____
_____
_____
_____
_____
_____
_____
_____
_____
_____
_____

# PET SITTER INFORMATION SHEET

## ANIMAL NAMES

_____

_____

_____

_____

## OWNERS CONTACT INFORMATION

CELL: _____ CELL: _____

WHERE WE'LL BE: _____ RETURN TIME: _____

OUR HOME ADDRESS: _____

OTHER CONTACT: _____

## EMERGENCY NUMBERS

EMERGENCY: 911 POLICE: _____

VETERINARIAN: _____ FIRE: _____

ASPCA ANIMAL POISON CONTROL: 1-888-426-4435

## OTHER INFORMATION

MEALS: What: _____ Amount: _____ Times: _____

TREATS: What: _____ Amount: _____ Times: _____

EXERCISE & NOTES: _____

_____

# PET SITTER NOTES FOR OWNERS

_____

_____

_____

_____

_____

_____

_____

_____

_____

_____

_____

_____

_____

_____

_____

_____

_____

# PET SITTER INFORMATION SHEET

## ANIMAL NAMES

_____

_____

_____

## OWNERS CONTACT INFORMATION

CELL: _____ CELL: _____

WHERE WE'LL BE: _____ RETURN TIME: _____

OUR HOME ADDRESS: _____

OTHER CONTACT: _____

## EMERGENCY NUMBERS

EMERGENCY:  911 _____ POLICE: _____

VETERINARIAN: _____ FIRE: _____

ASPCA ANIMAL POISON CONTROL:  1-888-426-4435

## OTHER INFORMATION

MEALS:  What: _____ Amount: _____ Times: _____

TREATS:  What: _____ Amount: _____ Times: _____

EXERCISE & NOTES: _____

_____

# PET SITTER NOTES FOR OWNERS

# PET SITTER INFORMATION SHEET

## ANIMAL NAMES

_____

_____

_____

## OWNERS CONTACT INFORMATION

CELL: _____  CELL: _____

WHERE WE'LL BE: _____  RETURN TIME: _____

OUR HOME ADDRESS: _____

OTHER CONTACT: _____

## EMERGENCY NUMBERS

EMERGENCY: 911  POLICE: _____

VETERINARIAN: _____  FIRE: _____

ASPCA ANIMAL POISON CONTROL: 1-888-426-4435

## OTHER INFORMATION

MEALS: What: _____ Amount: _____ Times: _____

TREATS: What: _____ Amount: _____ Times: _____

EXERCISE & NOTES: _____

_____

# PET SITTER NOTES FOR OWNERS

_____
_____
_____
_____
_____
_____
_____
_____
_____
_____
_____
_____
_____
_____
_____
_____

# PET SITTER INFORMATION SHEET

## ANIMAL NAMES

_____

_____

_____

_____

## OWNERS CONTACT INFORMATION

CELL: _____ CELL: _____

WHERE WE'LL BE: _____ RETURN TIME: _____

OUR HOME ADDRESS: _____

OTHER CONTACT: _____

## EMERGENCY NUMBERS

EMERGENCY: 911 _____ POLICE: _____

VETERINARIAN: _____ FIRE: _____

ASPCA ANIMAL POISON CONTROL: 1-888-426-4435

## OTHER INFORMATION

MEALS: What: _____ Amount: _____ Times: _____

TREATS: What: _____ Amount: _____ Times: _____

EXERCISE & NOTES: _____

_____

_____

# PET SITTER NOTES FOR OWNERS

_____

_____

_____

_____

_____

_____

_____

_____

_____

_____

_____

_____

_____

_____

_____

_____

# PET SITTER INFORMATION SHEET

## ANIMAL NAMES

_____

_____

_____

_____

## OWNERS CONTACT INFORMATION

CELL: _____ CELL: _____

WHERE WE'LL BE: _____ RETURN TIME: _____

OUR HOME ADDRESS: _____

OTHER CONTACT: _____

## EMERGENCY NUMBERS

EMERGENCY: 911 POLICE: _____

VETERINARIAN: _____ FIRE: _____

ASPCA ANIMAL POISON CONTROL: 1-888-426-4435

## OTHER INFORMATION

MEALS:  What: _____ Amount: _____ Times: _____

TREATS:  What: _____ Amount: _____ Times: _____

EXERCISE & NOTES: _____

_____

_____

# PET SITTER NOTES FOR OWNERS

# PET SITTER INFORMATION SHEET

## ANIMAL NAMES

_____

_____

_____

_____

## OWNERS CONTACT INFORMATION

CELL: _____  CELL: _____

WHERE WE'LL BE: _____  RETURN TIME: _____

OUR HOME ADDRESS: _____

OTHER CONTACT: _____

## EMERGENCY NUMBERS

EMERGENCY: 911  POLICE: _____

VETERINARIAN: _____  FIRE: _____

ASPCA ANIMAL POISON CONTROL: 1-888-426-4435

## OTHER INFORMATION

MEALS: What: _____ Amount: _____ Times: _____

TREATS: What: _____ Amount: _____ Times: _____

EXERCISE & NOTES: _____

_____

_____

# PET SITTER NOTES FOR OWNERS

_____
_____
_____
_____
_____
_____
_____
_____
_____
_____
_____
_____
_____
_____
_____
_____
_____
_____
_____

# PET SITTER INFORMATION SHEET

## ANIMAL NAMES

_____

_____

_____

## OWNERS CONTACT INFORMATION

CELL: _____ CELL: _____

WHERE WE'LL BE: _____ RETURN TIME: _____

OUR HOME ADDRESS: _____

OTHER CONTACT: _____

## EMERGENCY NUMBERS

EMERGENCY: 911 _____ POLICE: _____

VETERINARIAN: _____ FIRE: _____

ASPCA ANIMAL POISON CONTROL: 1-888-426-4435 _____

## OTHER INFORMATION

MEALS: What: _____ Amount: _____ Times: _____

TREATS: What: _____ Amount: _____ Times: _____

EXERCISE & NOTES: _____

_____

# PET SITTER NOTES FOR OWNERS

# PET SITTER INFORMATION SHEET

## ANIMAL NAMES

_____

_____

_____

## OWNERS CONTACT INFORMATION

CELL: _____ CELL: _____

WHERE WE'LL BE: _____ RETURN TIME: _____

OUR HOME ADDRESS: _____

OTHER CONTACT: _____

## EMERGENCY NUMBERS

EMERGENCY: 911 _____ POLICE: _____

VETERINARIAN: _____ FIRE: _____

ASPCA ANIMAL POISON CONTROL: 1-888-426-4435 _____

## OTHER INFORMATION

MEALS: What: _____ Amount: _____ Times: _____

TREATS: What: _____ Amount: _____ Times: _____

EXERCISE & NOTES: _____

_____

# PET SITTER NOTES FOR OWNERS

# PET SITTER INFORMATION SHEET

## ANIMAL NAMES

_____

_____

_____

## OWNERS CONTACT INFORMATION

CELL: _____ CELL: _____

WHERE WE'LL BE: _____ RETURN TIME: _____

OUR HOME ADDRESS: _____

OTHER CONTACT: _____

## EMERGENCY NUMBERS

EMERGENCY: 911 POLICE: _____

VETERINARIAN: _____ FIRE: _____

ASPCA ANIMAL POISON CONTROL: 1-888-426-4435

## OTHER INFORMATION

MEALS: What: _____ Amount: _____ Times: _____

TREATS: What: _____ Amount: _____ Times: _____

EXERCISE & NOTES: _____

_____

# PET SITTER NOTES FOR OWNERS

_____
_____
_____
_____
_____
_____
_____
_____
_____
_____
_____
_____
_____
_____
_____
_____
_____
_____
_____

# PET SITTER INFORMATION SHEET

## ANIMAL NAMES

_____

_____

_____

## OWNERS CONTACT INFORMATION

CELL: _____     CELL: _____

WHERE WE'LL BE: _____     RETURN TIME: _____

OUR HOME ADDRESS: _____

OTHER CONTACT: _____

## EMERGENCY NUMBERS

EMERGENCY: 911     POLICE: _____

VETERINARIAN: _____     FIRE: _____

ASPCA ANIMAL POISON CONTROL: 1-888-426-4435

## OTHER INFORMATION

MEALS: What: _____ Amount: _____ Times: _____

TREATS: What: _____ Amount: _____ Times: _____

EXERCISE & NOTES: _____

_____

# PET SITTER NOTES FOR OWNERS

_____
_____
_____
_____
_____
_____
_____
_____
_____
_____
_____
_____
_____
_____
_____
_____
_____

# PET SITTER INFORMATION SHEET

## ANIMAL NAMES

## OWNERS CONTACT INFORMATION

CELL: _____    CELL: _____

WHERE WE'LL BE: _____    RETURN TIME: _____

OUR HOME ADDRESS: _____

OTHER CONTACT: _____

## EMERGENCY NUMBERS

EMERGENCY: 911    POLICE: _____

VETERINARIAN: _____    FIRE: _____

ASPCA ANIMAL POISON CONTROL: 1-888-426-4435

## OTHER INFORMATION

MEALS:  What: _____    Amount: _____    Times: _____

TREATS:  What: _____    Amount: _____    Times: _____

EXERCISE & NOTES: _____

# PET SITTER NOTES FOR OWNERS

_____
_____
_____
_____
_____
_____
_____
_____
_____
_____
_____
_____
_____
_____
_____
_____
_____

# PET SITTER INFORMATION SHEET

## ANIMAL NAMES

_____

_____

_____

## OWNERS CONTACT INFORMATION

CELL: _____ CELL: _____

WHERE WE'LL BE: _____ RETURN TIME: _____

OUR HOME ADDRESS: _____

OTHER CONTACT: _____

## EMERGENCY NUMBERS

EMERGENCY: 911 _____ POLICE: _____

VETERINARIAN: _____ FIRE: _____

ASPCA ANIMAL POISON CONTROL: 1-888-426-4435

## OTHER INFORMATION

MEALS: What: _____ Amount: _____ Times: _____

TREATS: What: _____ Amount: _____ Times: _____

EXERCISE & NOTES: _____

_____

# PET SITTER NOTES FOR OWNERS

_____
_____
_____
_____
_____
_____
_____
_____
_____
_____
_____
_____
_____
_____
_____
_____
_____
_____
_____
_____

# PET SITTER INFORMATION SHEET

## ANIMAL NAMES

_____

_____

_____

_____

## OWNERS CONTACT INFORMATION

CELL: _____ CELL: _____

WHERE WE'LL BE: _____ RETURN TIME: _____

OUR HOME ADDRESS: _____

OTHER CONTACT: _____

## EMERGENCY NUMBERS

EMERGENCY: 911 _____ POLICE: _____

VETERINARIAN: _____ FIRE: _____

ASPCA ANIMAL POISON CONTROL: 1-888-426-4435

## OTHER INFORMATION

MEALS: What: _____ Amount: _____ Times: _____

TREATS: What: _____ Amount: _____ Times: _____

EXERCISE & NOTES: _____

_____

# PET SITTER NOTES FOR OWNERS

_____
_____
_____
_____
_____
_____
_____
_____
_____
_____
_____
_____
_____
_____
_____
_____

# PET SITTER INFORMATION SHEET

## ANIMAL NAMES

_____

_____

_____

_____

## OWNERS CONTACT INFORMATION

CELL: _____ CELL: _____

WHERE WE'LL BE: _____ RETURN TIME: _____

OUR HOME ADDRESS: _____

OTHER CONTACT: _____

## EMERGENCY NUMBERS

EMERGENCY:  911 POLICE: _____

VETERINARIAN: _____ FIRE: _____

ASPCA ANIMAL POISON CONTROL:  1-888-426-4435

## OTHER INFORMATION

MEALS:  What: _____ Amount: _____ Times: _____

TREATS:  What: _____ Amount: _____ Times: _____

EXERCISE & NOTES: _____

_____

# PET SITTER NOTES FOR OWNERS

# PET SITTER INFORMATION SHEET

## ANIMAL NAMES

_____

_____

_____

_____

## OWNERS CONTACT INFORMATION

CELL: _____    CELL: _____

WHERE WE'LL BE: _____    RETURN TIME: _____

OUR HOME ADDRESS: _____

OTHER CONTACT: _____

## EMERGENCY NUMBERS

EMERGENCY: 911    POLICE: _____

VETERINARIAN: _____    FIRE: _____

ASPCA ANIMAL POISON CONTROL: 1-888-426-4435

## OTHER INFORMATION

MEALS: What: _____    Amount: _____    Times: _____

TREATS: What: _____    Amount: _____    Times: _____

EXERCISE & NOTES: _____

_____

# PET SITTER NOTES FOR OWNERS

_____
_____
_____
_____
_____
_____
_____
_____
_____
_____
_____
_____
_____
_____
_____
_____

# PET SITTER INFORMATION SHEET

## ANIMAL NAMES

_____

_____

_____

_____

## OWNERS CONTACT INFORMATION

CELL: _____ CELL: _____

WHERE WE'LL BE: _____ RETURN TIME: _____

OUR HOME ADDRESS: _____

OTHER CONTACT: _____

## EMERGENCY NUMBERS

EMERGENCY:  911                    POLICE: _____

VETERINARIAN: _____        FIRE: _____

ASPCA ANIMAL POISON CONTROL:  1-888-426-4435

## OTHER INFORMATION

MEALS:  What: _____ Amount: _____ Times: _____

TREATS:  What: _____ Amount: _____ Times: _____

EXERCISE & NOTES: _____

_____

_____

# PET SITTER NOTES FOR OWNERS

_____

_____

_____

_____

_____

_____

_____

_____

_____

_____

_____

_____

_____

_____

_____

_____

_____

# PET SITTER INFORMATION SHEET

## ANIMAL NAMES

_____

_____

_____

## OWNERS CONTACT INFORMATION

CELL: _____     CELL: _____

WHERE WE'LL BE: _____     RETURN TIME: _____

 OUR HOME ADDRESS: _____

 OTHER CONTACT: _____

## EMERGENCY NUMBERS

EMERGENCY:  911 _____     POLICE: _____

VETERINARIAN: _____     FIRE: _____

ASPCA ANIMAL POISON CONTROL:  1-888-426-4435 _____

## OTHER INFORMATION

MEALS:  What: _____     Amount: _____     Times: _____

TREATS:  What: _____     Amount: _____     Times: _____

EXERCISE & NOTES: _____

_____

# PET SITTER NOTES FOR OWNERS

# PET SITTER INFORMATION SHEET

## ANIMAL NAMES

_____

_____

_____

## OWNERS CONTACT INFORMATION

CELL: _____ CELL: _____

WHERE WE'LL BE: _____ RETURN TIME: _____

OUR HOME ADDRESS: _____

OTHER CONTACT: _____

## EMERGENCY NUMBERS

EMERGENCY: 911 POLICE: _____

VETERINARIAN: _____ FIRE: _____

ASPCA ANIMAL POISON CONTROL: 1-888-426-4435

## OTHER INFORMATION

MEALS: What: _____ Amount: _____ Times: _____

TREATS: What: _____ Amount: _____ Times: _____

EXERCISE & NOTES: _____

_____

# PET SITTER NOTES FOR OWNERS

_____

_____

_____

_____

_____

_____

_____

_____

_____

_____

_____

_____

_____

_____

_____

_____

_____

_____

# PET SITTER INFORMATION SHEET

## ANIMAL NAMES

_____

_____

_____

_____

## OWNERS CONTACT INFORMATION

CELL: _____ CELL: _____

WHERE WE'LL BE: _____ RETURN TIME: _____

OUR HOME ADDRESS: _____

OTHER CONTACT: _____

## EMERGENCY NUMBERS

EMERGENCY: 911 POLICE: _____

VETERINARIAN: _____ FIRE: _____

ASPCA ANIMAL POISON CONTROL: 1-888-426-4435

## OTHER INFORMATION

MEALS: What: _____ Amount: _____ Times: _____

TREATS: What: _____ Amount: _____ Times: _____

EXERCISE & NOTES: _____

_____

# PET SITTER NOTES FOR OWNERS

# PET SITTER INFORMATION SHEET

## ANIMAL NAMES

_____

_____

_____

## OWNERS CONTACT INFORMATION

CELL: _____  CELL: _____

WHERE WE'LL BE: _____  RETURN TIME: _____

OUR HOME ADDRESS: _____

OTHER CONTACT: _____

## EMERGENCY NUMBERS

EMERGENCY: 911  POLICE: _____

VETERINARIAN: _____  FIRE: _____

ASPCA ANIMAL POISON CONTROL: 1-888-426-4435

## OTHER INFORMATION

MEALS: What: _____  Amount: _____  Times: _____

TREATS: What: _____  Amount: _____  Times: _____

EXERCISE & NOTES: _____

_____

_____

# PET SITTER NOTES FOR OWNERS

# PET SITTER INFORMATION SHEET

## ANIMAL NAMES

_____

_____

_____

_____

## OWNERS CONTACT INFORMATION

CELL: _____ CELL: _____

WHERE WE'LL BE: _____ RETURN TIME: _____

OUR HOME ADDRESS: _____

OTHER CONTACT: _____

## EMERGENCY NUMBERS

EMERGENCY: 911 POLICE: _____

VETERINARIAN: _____ FIRE: _____

ASPCA ANIMAL POISON CONTROL: 1-888-426-4435

## OTHER INFORMATION

MEALS: What: _____ Amount: _____ Times: _____

TREATS: What: _____ Amount: _____ Times: _____

EXERCISE & NOTES: _____

_____

_____

# PET SITTER NOTES FOR OWNERS

# PET SITTER INFORMATION SHEET

## ANIMAL NAMES

_____

_____

_____

## OWNERS CONTACT INFORMATION

CELL: _____ CELL: _____

WHERE WE'LL BE: _____ RETURN TIME: _____

OUR HOME ADDRESS: _____

OTHER CONTACT: _____

## EMERGENCY NUMBERS

EMERGENCY: 911 POLICE: _____

VETERINARIAN: _____ FIRE: _____

ASPCA ANIMAL POISON CONTROL: 1-888-426-4435

## OTHER INFORMATION

MEALS: What: _____ Amount: _____ Times: _____

TREATS: What: _____ Amount: _____ Times: _____

EXERCISE & NOTES: _____

_____

# PET SITTER NOTES FOR OWNERS

_____
_____
_____
_____
_____
_____
_____
_____
_____
_____
_____
_____
_____
_____
_____
_____
_____
_____
_____

Made in United States
North Haven, CT
21 February 2024

48978646R00057